子どもキッチン

ひとりでできる

上田淳子

講談社

はじめに……………………4
おうちの方へ………………6

料理をする前に知っておきたいこと
料理のスケジュール………8　　材料のトリセツ……………12
包丁の使い方………………10　道具と調味料について……14

1章 おなかがすいたらすぐできるメニュー

のっけごはん……………………………18
　□コーンバターしょうゆごはん……18
　□ゆかりチーズごはん………………19
　□イタリアンTKG……………………19
　□しらすザーサイごはん……………20
　□おかかとうふごはん………………20
　□なんちゃって天丼…………………21
　□クイック漬け丼……………………21
のっけパン………………………………22
　□ハムレタスパン……………………22
　□ツナマヨパン………………………23
　□ジャムクリチパン…………………23

のっけ焼きパン…………………………24
　□ピザトースト………………………24
　□マヨチーズコーントースト………25
　□ハニーバナナトースト……………25
ぶっかけうどん…………………………26
　□おかかかま玉………………………26
　□納豆すりごまうどん………………27
　□たらこバターうどん………………27

【コラム】
マグカップスープ………………………28
　□ほうれんそうとチーズの洋風スープ…28
　□お麩の和風スープ…………………29
　□わかめの中華スープ………………29

【コラム】
ガスコンロのトリセツ……………………30
電子レンジのトリセツ……………………31
材料をはかる………………………………32

本書の使い方

●材料をはかるときに使う単位です。㎝＝センチメートル、mℓ＝ミリリットル、g＝グラムと読みます。

● 低学年 、 中学年 、 高学年 は対象年齢の目安です。作りたいものがあれば、年齢に関係なくチャレンジしてみましょう。

●⏱は調理する時間の目安です。おいしくできれば、時間はかかってもOK。

●マークは使う道具を表しています。🔪＝包丁、🔥＝火、🍳＝フライパン、🍲＝鍋、📺＝電子レンジ、🔲＝オーブントースター、🍚＝炊飯器です。
作るときに参考にしてね。

もくじ

2章 フライパンが使えたら

- 目玉焼きとウインナー ……………… 36
- 具入りスクランブルエッグ ………… 38
- ハムステーキと
  ほうれんそうコーンソテー ………… 40
- お好み焼き ……………………………… 42
- ホットケーキ …………………………… 44
- ソース焼きそば ………………………… 46
- うどんナポリタン ……………………… 48
- 焼き魚定食 ……………………………… 50
- 焼き肉定食 ……………………………… 52
- 肉野菜炒め定食 ………………………… 54

【コラム】
- ごはんの炊き方 ………………………… 56
- だしのとり方 …………………………… 58
- **簡単みそ汁** わかめのみそ汁 ……… 59
- **みそ汁いろいろ** ……………………… 60
  - □プチトマトとオリーブ油のみそ汁 …… 60
  - □レタスとバターのみそ汁 …………… 60
  - □納豆のみそ汁 ………………………… 61
  - □ベーコンとミルクのみそ汁 ………… 61

3章 定番料理をぼくら流に

- あまから照り煮チキン ………………… 64
- 炊飯器チキンライス …………………… 66
- キーマカレー …………………………… 68
- 煮込みハンバーグ ……………………… 70
- クリームコーンドリア ………………… 72
- 炒めないチャーハン …………………… 74
- ざっくり牛丼 …………………………… 76
- ミネストローネパスタ ………………… 78
- かんたん豚汁 …………………………… 80
- チキンカレー …………………………… 82

【コラム】
- ゆで卵の作り方 ………………………… 84
- **野菜ひとつでミニおかず** …………… 86
  - □プチトマトのはちみつがけ ………… 86
  - □ちぎりキャベツのソースがけ ……… 86
  - □きゅうりのみそ添え ………………… 87
  - □レタスのヨーグルトマヨがけ ……… 87

なるほど！ 子どもキッチン辞典

- 買い物に挑戦 …………………………… 89
- 料理の順番 ……………………………… 90
- 洗い物のルール ………………………… 92
- 料理の雑学集 …………………………… 94

はじめに

料理ができると、たくさんのいいことがあります。

自分の好きな味つけで好きな量が食べられる。
コンビニに行かなくても自分の力でおなかいっぱいになれる。
誰かのために作れば、まわりをハッピーにすることもできる!

「やってみたいなー」と思ったら、キッチンに入ってみましょう。

まずは実験のように、おいしそうなものどうしを
好きなだけ組み合わせるだけでもOK。
自分で作ったものを食べて、おいしい!って感じたら
飛び上がりたくなるくらいうれしいはず。

電子レンジ、オーブントースター、炊飯器から
包丁、ガスコンロと少しずつ道具が使えるようになったら、
「おいしい」の世界はどんどん広がります。
まるで冒険みたいでしょ!

買い物や洗い物までできるようになれば
立派な「おうちシェフ」です。
あなたがシェフになったら、
毎日、料理を作ってくれる家族はとっても喜んでくれるでしょう。

作るのが楽しくて、食べるとおいしくて、体が元気になるなら最高。
子どもキッチンへようこそ!

おうちの方へ

この本は料理をする力をつけたい人を応援するものです。
ふだんから自分で料理をしておなかを満たすことが
できるようになれば、生きる力がつきます。

子どもがキッチンをのぞいて
何かしたそうなサインが感じられたら
躊躇しないで歓迎しましょう。

実際、私は息子たちを3歳くらいからキッチンに入れていました。
最初はキャベツを1個、おもちゃ代わりにドンと渡すところから。
黙々とちぎったキャベツにソースをかけて出すだけでも
とても喜んだものです。

成長に合わせて任せることを増やしていき、
包丁や火を使うのも一緒に練習をしましたが、
そのうちつきっきりでなくても
ひとりで作れるようになってきました。
ただし、包丁やコンロ、熱いものを取り扱うときは
おうちの方が最終確認してください。

小さい成功を重ねて成長していく息子たちに
私自身が何度救われたことでしょう。
おかげさまで、今では「食べたいものは自分で作ろう」と
思える人に育ちました。

これからご紹介するレシピは自分自身の子育て経験に基づき、
子どもができる範囲のことを考えながら作ったものです。
少しずつステップアップして、最後にはかなり本格的な料理が
作れるように構成してあります。
年齢は関係なく、実は一人暮らしを始める人や、主婦1年生の人、
料理に興味を持った男性にも役に立つ内容です。

多くの人がこの本を通じて「料理する力＝生きる力」を
つけられるよう願っています。

上田淳子

料理をする前に知っておきたいこと

料理のスケジュール

計画して、用意して、作って、食べて、
後片づけするまでのスケジュールってこんな感じ！

① メニューを決める

食べたいものをおなかと相談。
家にある材料をチェックして
何が作れるか想像してみましょう。
できあがりの設計図を
描くのも楽しい！

② 身じたくをする

髪が長い人は結んで、
袖がじゃまな場合は腕まくり。
服が汚れないように
エプロンがあると安心ですね。
最後に手をきれいに洗いましょう。

③ 材料と道具を出す

使うものを最初に全部出しておくと
料理するときがラクチン。
料理をのせる器も先に
用意しておいたほうがいいですよ。

4 料理をする

さあ、いよいよクッキングスタート。包丁、沸騰したお湯、もわもわ上がる湯気、熱いフライパンや鍋には気をつけて。

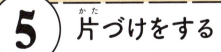

いただきます！

5 片づけをする

使った食器や道具を洗いましょう。キッチンがきれいに片づいたらゴール！

包丁の使い方

包丁は料理の最強の道具。
便利だけど危険もあるから、正しい使い方を覚えましょう

子どもにおすすめの包丁

包丁は子ども用じゃなくてもOK。
小さいサイズの包丁（刃の部分が15cmくらいで「ペティナイフ」「三徳包丁」と呼ばれるもの）が家にあれば、それを使いましょう。
まな板は大小あると便利です。

ペティナイフ

三徳包丁

皮をむくときはピーラーで

じゃがいもやにんじんの皮をむくときは、ピーラーが便利。包丁のときと同じように、材料をしっかり押さえて、表面をスーッとひっかくように動かします。

1 持つ

柄の真ん中をグーで
しっかり握ります。
人差し指は立てないで!

2 置く

刃は人が立つところと
反対側に向けて置きます。
切るものはまな板の真ん中に。
まな板がすべらないように台の水
や汚れをふいておきましょう。

うっかりひっかけて
落としそうなところには
置かないこと。

3 押さえる

包丁を持たないほうの手で材料が
グラグラしないように押さえます。
手首をまな板につけるのがコツ。
指を丸めると安全です。
丸いものは指先で
しっかり押さえます。

4 切る

包丁は真下にストンと落とすと
切りにくいです。前に押すように
刃を動かすとスッと切れます。

材料のトリセツ

料理の本の「作り方」には書いてないけど、
材料には知っておきたい取扱説明書＝トリセツがあります

野菜

プチトマト
へたを取ってから、ボウルにためた水の中で洗う。

ピーマン
ボウルにためた水の中で洗う。縦半分に切り、へたと種を取り除く。

にんじん
ボウルにためた水の中で、たわしを使って汚れを落とす。皮はピーラーでむく。へたは包丁で切り落とす。

キャベツ
外側から1枚ずつ葉をはがす。ボウルにためた水の中で、汚れた部分を指でこすり落とす。ざるに上げて水けをきる。

卵

割るときは平らなところに1ヵ所コツンと当て、できた割れ目に両方の親指を当てて（突っ込まないように！）開くようにする。

冷凍食品

溶けてしまっては大変。最初から出しておくのではなく、使う直前に出して、すぐにしまう。

レタス
根元の部分に指を入れて葉を1枚ずつはがし、ボウルにためた水の中で洗う。根元は汚れがたまっているので、指でていねいに。葉は水の中で振るようにする。水けはペーパータオルでふく。

じゃがいも
ボウルにためた水の中で、たわしを使って泥を落とす。皮はピーラーでむく。むききれないくぼんだところは芽なので、ピーラーの両端にある出っぱり部分ですくうように取り除く。切ってすぐ使わないときは、水をためたボウルに入れておく。

玉ねぎ
ボウルにためた水の中に入れてしばらくおき、皮を上から横方向にくるくるとむく。縦半分に切り、上と下を切り落とす。

もやし
ざるに入れ、水をためたボウルに重ねて洗う。上から水を流しながら洗ってもOK。

使いきれなかったらラップで包んで冷蔵庫へ!

乾物
わかめ、お麩など乾燥してあるものが「乾物」。湿気が苦手だから、使ったらしっかり袋の口を閉じる。

缶詰
缶のつまみをひっぱってふたを開ける。汁けは中身が出ないようにふたで押さえながら傾けて流し出す。残ったら密閉できる保存容器に移す。

びん
びんの中のものを取り出すときは、きれいなスプーンを使うこと。ほかのものがついたままで入れるのは×。

道具と調味料について

これだけあれば、どんな料理だってできる！

道具

ボウル
電子レンジにかけられる耐熱性のものがおすすめ。大小2つあると便利。

ふきん
食器をふくものと、汚れた台をふくものと2枚用意。

ざる
ボウルに重ねて使える大きさのものを。取っ手があると使いやすい。

菜ばし
フライパンや鍋の中を混ぜても熱くないように、食事用より長めのものを。

ゴムべら
耐熱性のものは、火にかけているときに混ぜることができる。

フライ返し
焼いているものを返したり、器に盛るときに使う。

泡立て器
生クリームや卵を泡立てたり、粉と液体をよーく混ぜ合わせるときに。

トング
熱いものがつかめる耐熱性のものがおすすめ。

調味料

塩　**しょうゆ**　**ソース**　**トマトケチャップ**　**めんつゆ**（「3倍濃縮」と書いてあるもの）　**マヨネーズ**　**はちみつ**　**砂糖**

14

キッチンばさみ
袋物を切るだけではなく、材料を切るのに使っても。

タイマー
作り方にある目安の時間をタイマーではかると安心。

お玉
おみそ汁などをすくうときに。持ち手が熱くならないものを。

しゃもじ
ごはんが炊けたときにほぐし、器に盛るときに使う。

ペーパータオル
洗った野菜の水けや魚から出た汁けをふき取ったり、フライパンに油を薄くのばすときなどに使う。

ミトン
電子レンジやオーブントースターから熱いものを取り出すときに使う。軍手でも大丈夫。

ラップ
電子レンジで加熱するときや、残った材料をしまうときに使う。

フライパン
直径24〜26cm、深さ約5cmで、コーティング加工がしてあるものがおすすめ。ふたは中が見えるほうが◎。

鍋
直径20〜22cm、深さ約10cmのふたつきがおすすめ。長い柄が1つのもの（片手鍋）、短い取っ手が2つのもの（両手鍋）どちらでもOK。

電気ケトル
電気式のやかん。使う分だけすぐにお湯を沸かすことができる。小さいサイズで子どもでも使いやすい。

バター

みそ

サラダ油

オリーブ油

ごま油

鶏がらスープのもと

コンソメスープのもと

にんにく（チューブタイプ）

1章

おなかが すいたら

「おなかがすいたー」は緊急事態!
救うのはあなた自身。
包丁が使えなくても大丈夫。
ごはんや食パン、冷凍うどんに
好きなものを好きなだけのっけるだけで
とっておきのごちそうに!
自分の舌と「おいしい」の感覚を信じて
チャレンジしてみましょう。

すぐできるメニュー

低学年

のっけごはん

お茶わんにごはんをよそって、具をのせるだけの簡単メニューです。よ〜く混ぜてめしあがれ！

コーンバターしょうゆごはん

ごはんが熱いうちにバターをのせてね

道具
- □ カレースプーン
- □ しゃもじ
- □ 茶わん

材料（1人分）

- □ ホールコーン（缶詰）
  …好きなだけ
  （カレースプーン2杯くらい）

- □ バター
  …好きなだけ
  （キャラメル大1個分くらい・10g）

- □ しょうゆ
  …少し

- □ ごはん
  …茶わん1杯

作り方

① ごはんを茶わんによそう。

② コーンを散らす。

③ バターをのせる。

④ しょうゆをたらす。

しゃもじを水でぬらすと、ごはんがくっつかないよ。

18

ゆかりチーズごはん

ナイショにしたくなるおいしい組み合わせ

道具
- ☐ ティースプーン
- ☐ しゃもじ
- ☐ 茶わん

材料（1人分）

- ☐ ゆかりのふりかけ
  …好きなだけ
  （ティースプーン½杯くらい）

- ☐ スライスチーズ
  …1枚

- ☐ ごはん
  …茶わん1杯

作り方

① ごはんを茶わんによそう。

② ゆかりをふりかけ、
さっと水でぬらしたスプーンで混ぜる。

③ チーズを小さくちぎってのせる。

> のりで巻いて食べると、
> さらにおいしいよ♪

イタリアンTKG（たまごかけごはん）

卵かけごはんに粉チーズでリゾット風に

道具
- ☐ ボウル
- ☐ ティースプーン
- ☐ 菜ばし
- ☐ しゃもじ
- ☐ 茶わん

材料（1人分）

- ☐ 卵…1個

- ☐ 粉チーズ
  …好きなだけ
  （ティースプーン1杯くらい）

- ☐ 塩…少し

- ☐ ごはん
  …茶わん1杯

作り方

① ごはんを茶わんによそう。

② ボウルに卵を割り入れる。

③ ごはんに②の卵と塩を加えて、菜ばしで混ぜ、粉チーズをふる。

> ごはんが冷めていたら
> 電子レンジで温めてね。

中学年 のっけごはん

しらす ザーサイごはん

口の中に入れると、チャーハンの風味になるよ♪

道具
- □ カレースプーン
- □ ティースプーン
- □ しゃもじ
- □ 茶わん

材料（1人分）

- □ しらす …好きなだけ（カレースプーン2杯くらい）

- □ ザーサイ …好きなだけ（ティースプーン1〜2杯）

- □ ごま油 …少し

- □ ごはん …茶わん1杯

作り方
1. ごはんを茶わんによそう。
2. ザーサイとしらすをのせて、ごま油をたらす。

> ちぎったレタスを混ぜると、もっとチャーハンっぽくなるよ。

おかかとうふごはん

具をよ〜く混ぜて食べると最高においしい！

道具
- □ カレースプーン
- □ しゃもじ
- □ 茶わん

材料（1人分）

- □ とうふ …好きなだけ（約½丁）

- □ かつお節 …2つまみ

- □ めんつゆ（またはしょうゆ）…好きなだけ（カレースプーン1杯くらい）

- □ ごはん …茶わん1杯

作り方
1. ごはんを茶わんによそう。
2. とうふをスプーンですくってのせる。
3. かつお節をのせ、めんつゆをかける。

> ごま油をたらすと、いきなり中華風になるよ。

なんちゃって天丼

揚げないのにかき揚げっぽくなるのが不思議

道具
- □ カレースプーン
- □ しゃもじ
- □ 茶わん

材料（1人分）

- □ かに風味かまぼこ …4本

- □ 揚げ玉 …好きなだけ（カレースプーン約1杯）

- □ めんつゆ …好きなだけ（カレースプーン1杯くらい）

- □ ごはん …茶わん1杯

作り方
① ごはんを茶わんによそう。

② かにかまは縦に細くさく。

③ ②のかにかまと揚げ玉をのせ、めんつゆをかける。

> ホールコーンを足すと、もっと豪華に。

クイック漬け丼

刺身はサーモンにしてもおいしいよ

道具
- □ ティースプーン
- □ 皿
- □ しゃもじ
- □ 茶わん
- □ はし

材料（1人分）

- □ まぐろの刺身 …4〜5切れ

- □ しょうゆ…刺身全体にからむくらい（ティースプーン2杯くらい）

- □ 焼きのり …スライスチーズくらいの大きさ1枚

- □ いり白ごま …好きなだけ（ティースプーン1杯くらい）

- □ ごはん …茶わん1杯

作り方
① まぐろを皿に広げ、しょうゆをかけてからめる。

② ごはんを茶わんによそう。

③ はしでまぐろを②にのせ、皿に残ったしょうゆをかける。ちぎったのりをのせ、白ごまを散らす。

> のりをたっぷりのせると、おすし屋さんみたい！

のっけパン

低学年

> パンにはマヨネーズやバター、クリームチーズをぬってね。具の水けで、パンがべちゃっとふやけるのを防いでくれるよ。

ハムレタスパン

マヨネーズの二度使いがポイント

道具
- □ まな板
- □ カレースプーン

材料（1人分）

- □ ハム…2枚

- □ レタス…1枚
（洗ったらペーパータオルではさみ、水けをふく）

- □ マヨネーズ…好きなだけ
（ぎゅっと1しぼりくらい）

- □ 食パン（6枚または8枚切り）…1枚

作り方

① 食パンにマヨネーズをしぼり出す。

② スプーンの背で全体にぬり広げる。

③ レタスを大きめにちぎってのせ、マヨネーズを細くジグザグにしぼる。

> マヨネーズがレタスとハムをくっつけるよ。

④ ハムを2枚ずらしてのせる。

ツナマヨパン

ツナ缶をぜいたくにまるまる1個使っちゃおう

道具
- □まな板
- □カレースプーン
- □ボウル

材料（1人分）
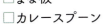
- □ツナ缶…小1缶
- □マヨネーズ…好きなだけ（カレースプーン軽く1杯）
- □食パン（6枚または8枚切り）…1枚

作り方
① ボウルに缶汁をきったツナ（13ページを見てね）とマヨネーズを入れて、スプーンで混ぜ合わせる。
② 食パンに混ぜたツナマヨをのせて、スプーンの背で全体にぬり広げる。

> 混ぜておくと、ツナマヨがパンにくっつきやすくなる。トースターで焼いても◎。

ジャムクリチパン

まるでチーズケーキみたいな、大好きな味♡

道具
- □まな板
- □ティースプーン

材料（1人分）
- □クリームチーズ（小分けタイプ）…1個（18g）
- □いちごジャム…好きなだけ（ティースプーン2杯くらい）
- □食パン（6枚または8枚切り）…1枚

作り方
① クリームチーズは包み紙ごと両手でもんで、やわらかくする。
② 食パンにクリームチーズをのせ、スプーンの背で全体にぬり広げ、その上にジャムをぬる。

クリームチーズは包み紙の上からもむと、やわらかくなって、ぬりやすくなります。

> ジャムは好きな味のものでOK。ちょっと酸味があるとおいしい。

中学年
のっけ焼きパン

具をのせてラップで包み、冷蔵庫に入れておけば約2日保存できるよ（ハニーバナナはのぞく）。食べるときは焼くだけ。まとめて作っておけば、便利！

ピザトースト

こんがりとろけた熱々のチーズがたまらない

道具
- □ オーブントースター
- □ 天パン
- □ カレースプーン
- □ ミトン

材料（1人分）

 □ ハーフベーコン…3枚

 □ トマトケチャップ…好きなだけ（ぎゅっと1しぼりくらい）

 □ ピザ用チーズ…好きなだけ（1つかみくらい）

 □ 食パン（6枚切り）…1枚

作り方

①
オーブントースター用の天パンに食パンをのせ、ケチャップをしぼり出し、スプーンの背でぬり広げる。

②
ベーコンをのせ、チーズを散らす。

③
天パンごとオーブントースターに入れ、こんがりと焼き色がつくまで約8分焼く。

④ やけどに注意して！
ミトンなどを使って取り出す。

半分に切ったミニトマトや、ちぎったピーマンをのせても。

マヨチーズコーントースト

マヨコーンにチーズで風味アップ！

道具
- □ オーブントースター
- □ 天パン
- □ カレースプーン
- □ ボウル
- □ ミトン

材料（1人分）

- □ ホールコーン（缶詰）…好きなだけ（カレースプーン2杯くらい）

- □ ピザ用チーズ…好きなだけ（カレースプーン2杯くらい）

- □ マヨネーズ…好きなだけ（カレースプーン1杯くらい）

- □ 食パン（6枚切り）…1枚

作り方
1. ボウルにマヨネーズ、コーン、ピザ用チーズを入れて混ぜる。
2. オーブントースター用の天パンに食パンをのせ、①の具をスプーンの背でぬり広げる。
3. 天パンごとオーブントースターに入れ、焼き色がつくまで約8分焼く。
4. ミトンなどを使って取り出す。

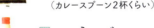

コーンをハムにかえてもOK。

ハニーバナナトースト

はちみつの代わりにチョコシロップをかけても

道具
- □ オーブントースター
- □ 天パン
- □ カレースプーン
- □ ミトン

材料（1人分）
- □ バナナ…1本
- □ バター（またはマーガリン）…好きなだけ（キャラメル大1個分くらい・10g）
- □ はちみつ…好きなだけ（カレースプーン1杯くらい）
- □ 食パン（6枚または8枚切り）…1枚

作り方
1. オーブントースター用の天パンに食パンをのせ、バターをスプーンの背でぬり広げる。
2. バナナは皮をむいて手で小さくちぎり、パンにのせる。
3. 天パンごとオーブントースターに入れ、焼き色がつくまで約8分焼く。
4. ミトンなどを使って取り出し、はちみつをかける。

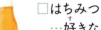

バターは、使う少し前に冷蔵庫から出しておくとぬりやすいよ。

【中学年】

ぶっかけうどん

冷凍うどんは強〜い味方！
のせる具は好きなものを
あれこれ組み合わせると
楽しいよ。

おかかかま玉

かつお節からいい味が出るから、
具はシンプルに

道具
- ☐ 電子レンジ
- ☐ どんぶり（耐熱性のもの）
- ☐ 小さい器
- ☐ ラップ
- ☐ カレースプーン
- ☐ ミトン

材料（1人分）

 ☐ 卵…1個

 ☐ かつお節…小1パック

 ☐ しょうゆ…適量（カレースプーン1杯くらい）

☐ 冷凍うどん…1玉

作り方

① 少しはみ出ていても大丈夫

どんぶりに
冷凍うどんを入れて、
ふんわりラップをかける。

②

電子レンジ（600W）で
3分30秒加熱する。

③ 湯気は熱いから、やけどに注意して！

ミトンなどを使って
取り出し、
ラップをはずす。

④

小さい器に卵を割り入れる。
うどんの中央に入れ、
かつお節としょうゆをかける。

納豆すりごまうどん

納豆のたれを使えば、味つけが簡単！

道具
- ☐ 電子レンジ
- ☐ どんぶり（耐熱性のもの）
- ☐ ボウル
- ☐ ラップ
- ☐ ティースプーン
- ☐ はし
- ☐ ミトン

材料（1人分）

- ☐ 納豆…1パック

- ☐ すり白ごま…好きなだけ（ティースプーン1杯くらい）

- ☐ 冷凍うどん…1玉

作り方
① ボウルに納豆と付いているたれを入れ、はしで混ぜ合わせる。
② どんぶりに冷凍うどんを入れて、ふんわりラップをかける。
③ 電子レンジ（600W）で3分30秒加熱し、ミトンなどを使って取り出し、ラップをはずす。
④ ①の納豆をのせて、すりごまをかける。

たれが付いていなければ、めんつゆでもOK。ザーサイなどを入れても。

たらこバターうどん

お父さんのおつまみにも喜ばれるよ♪

道具
- ☐ 電子レンジ
- ☐ どんぶり（耐熱性のもの）
- ☐ 小さい器
- ☐ ラップ
- ☐ ティースプーン
- ☐ ミトン

材料（1人分）

- ☐ たらこ…½本

- ☐ バター…好きなだけ（キャラメル大1個分くらい・10g）

- ☐ しょうゆ…少し
- ☐ 冷凍うどん…1玉

作り方
① たらこはスプーンで薄皮を破いて中身を取り出し、小さい器に入れる。
② どんぶりに冷凍うどんを入れて、ふんわりラップをかける。
③ 電子レンジ（600W）で3分30秒加熱し、ミトンなどを使って取り出し、ラップをはずす。
④ バターを加え、全体をよく混ぜる。たらこを加えて混ぜ、しょうゆをたらす。

のりやしらすを加えると、さらにおいしいよ♪

「中学年」

マグカップスープ

マグカップに材料を入れて、お湯を注ぐだけでできるスープ。
洋風、和風、中華風の3つができたら、どんな料理にも合わせられますよ

インスタントのカップスープと同じくらい簡単にできるよ!

基本の作り方

道具
- ☐ マグカップ　☐ カレースプーン
- ☐ 菜ばし　☐ ティースプーン
- ☐ 電気ケトル
（なければやかんでお湯を沸かす）

作り方
マグカップに材料を入れ、熱湯約200ml（マグカップいっぱいくらい）を注いで菜ばしで混ぜる。

ほうれんそうとチーズの洋風スープ

チーズが溶けたら食べごろです

材料（1人分）
- ☐ 冷凍ほうれんそう　…少し（カレースプーン1杯）
- ☐ ピザ用チーズ　…少し（ティースプーン1杯）
- ☐ コンソメスープのもと　ティースプーン1杯

作り方
マグカップに材料を全部入れ、熱湯約200mlを注いで混ぜる。

28

お麩の和風スープ

スープを吸ったお麩がおいしい

材料(1人分)

- □ 麩…3個
- □ かつお節…2つまみ
- □ めんつゆ…ティースプーン2杯

作り方

マグカップに材料を全部入れ、熱湯約200mlを注いで混ぜる。

わかめの中華スープ

ごま油を少したらしても

材料(1人分)

- □ カットわかめ(乾燥)…少し(ティースプーン1杯)
- □ いり白ごま…少し(ティースプーン1杯)
- □ 鶏がらスープのもと…ティースプーン2杯

作り方

マグカップに材料を全部入れ、熱湯約200mlを注いで混ぜる。

ガスコンロのトリセツ

焼く、煮る、炒めるときに使うガスコンロ。
やけどをしないように注意しながら
安全に使いましょう

間違い見つけられる？

フライパンや鍋はコンロの火が真ん中にあたるように置く。柄や取っ手は引っかけないように台からはみ出させないこと。燃えやすいものや生ものは近くに置かないで。お玉やスプーンは熱くならないように台の外に出しましょう。

火かげん

IHヒーターのときは
1〜3が弱火、
4〜6が中火、
7〜8が強火だよ。

弱火
炎の先が
鍋の底にあたらない
くらい。

中火
炎の先が
鍋の底にあたって
いる。

強火
炎の先が広がって
鍋の底全体に
あたっている。

火を使う料理のときは、先に盛りつける器を用意しておくとあわてない！

電子レンジのトリセツ

火を使わず、すぐ温められる電子レンジ。
使うときは、容器もしっかり熱くなることを忘れずに！

使える容器を確認

○ 使える容器は耐熱性のボウルや保存容器、陶器のどんぶりなど。

× 金属製のものやアルミホイル、木、薄いガラスは使えません！

取り出すときは器が熱いのでミトンを使う。

ラップは湯気がかからないように奥側からはずす。

ラップはピッチリかけると、破裂することがあるので、ふんわりとかけること。

電子レンジによってパワーが違います。おうちの人に「W数」を聞いてみましょう。

※おうちの方へ
本書は600Wの電子レンジを使用したときの調理時間を記載しています。500Wの場合は時間×1.2にして下さい。

31

材料をはかる

スプーン、カップ、電子はかりなど、計量するためのいろいろな道具があります。身近にあるものでざっくりはかる方法も！

道具を使う

計量スプーン

大さじ（15ml）と小さじ（5ml）があります。小さじ3杯分と大さじ1杯分が同じ量です。液体は表面がこんもり盛り上がるくらい、それ以外は表面を平らにしてはかります。

こんもり

平ら

塩や砂糖などの粉末、マヨネーズなどクリーム状のものは、こんもり盛ってから別のスプーンの柄などで平らにします。

大びんに入った液体は、そのまま計量スプーンに注ぐのはむずかしいので、一度器に出してからはかると簡単。あまったら、ラップをかけておうちの人に使ってもらいましょう。

計量カップ

カップ1杯で200ml。液体は真横から見て、液が平らになっているところではかります。粉類はぎゅうぎゅうに入れずにふんわり入れましょう。

はかり

重さを計量するときに使います。はかるときは器をのせておき、目盛りを0にしてから計量したいものを入れてはかります。

身近なもので

おわんやマグカップ

いつも使っている器に入る量を知っておくと便利。

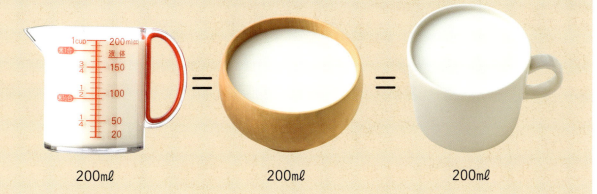

200mℓ　　200mℓ　　200mℓ

食事用スプーン

カレースプーン1杯＝約大さじ1

ティースプーン1杯＝約小さじ1

手

親指、人差し指、中指の3本でつまめる量が「少し」。

目で

500円玉くらいの大きさ＝大さじ1
直径10cmくらいのマル＝大さじ1

2章 フライパンが

フライパンはキッチンの最強の道具。
熱くなるのでちょっと危険はありますが、
使いこなせるようになったら
料理のレベルは大幅にアップします。
できたてのアツアツを食べられるのは
作った人の特典。
まずはおうちの人と一緒に
やってみてください。

使(つか)えたら

中学年

目玉焼きとウインナー

プルンと焼けた目玉焼きは何よりのごちそう。同じフライパンでウインナーも焼いちゃいます。プチトマトを添え、ごはんやトーストを合わせましょう

15分

道具
- ☐ フライパン
- ☐ ふた
- ☐ 計量スプーン
- ☐ 小さい器
- ☐ 菜ばし
- ☐ フライ返し

材料（1人分）
- ☐ 卵Ⓐ…1個
- ☐ ウインナーⒷ…3本
- ☐ プチトマトⒸ…3個
- ☐ サラダ油Ⓓ…小さじ1

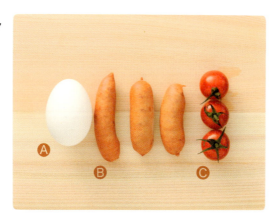

1 材料の準備をする

2 ウインナーを焼く

3 卵を焼く

①

皿はコンロの横に置いておくといいね。

器に卵を割り入れる（割り方は12ページを見てね）。プチトマトはへたを取って洗い、皿に盛る。

②

フライパンにサラダ油を入れて全体に広げ、ウインナーを入れる。

③

フライパンをコンロの上に置き、中火にかけて菜ばしでソーセージを転がしながら焼く。おいしそうな焼き色がついたら火を止め、①の皿に取り出す。

④

①の卵をフライパンにそっと入れ、弱めの中火にかける。

⑤ ふたをして約1分焼き、全体が白っぽく固まってきたら、ふたを取って約30秒焼く。

⑥ 白身がふっくら盛り上がり、ふちが茶色になったら火を止める。片方の手でフライパンの柄を持ち、フライ返しを目玉焼きの下に入れ、③の皿に盛る。

目玉焼きにはしょうゆや塩、ウインナーにはトマトケチャップなどをかけて食べましょう。プチトマトは軽く焼いてもおいしいよ。

37

中学年

具入りスクランブルエッグ

卵を固めすぎないのがポイント。溶けたチーズがとろーりとからまって、ブロッコリーが苦手でもペロリと食べられるはず！

15分

道具

- □ フライパン
- □ 計量スプーン
- □ ボウル
- □ 菜ばし
- □ ゴムべら

材料（1人分）

- □ 卵Ⓐ…2個
- □ 冷凍ブロッコリーⒷ…3個
- □ ピザ用チーズⒸ…大さじ3
- □ 塩Ⓓ…少し
- □ こしょうⒺ…少し
- □ サラダ油Ⓕ…大さじ½

1 材料の準備をする

2 卵液を作る

3 炒める

①

冷凍ブロッコリーは冷凍庫から出して解凍し、手で小さくちぎる。

②

ボウルに卵を割り入れ、菜ばしを前後に動かして軽く溶く。

卵を溶くときは菜ばしは「ぐるぐる」回さずに、前後にシャカシャカと動かすよ。

③

①のブロッコリー、チーズ、塩、こしょうを加え、全体をむらなく混ぜる。

④

フライパンにサラダ油を入れて全体に広げる。コンロの上に置き、中火にかける。約1分熱し、③の卵液を一気に流し入れて10秒数える。

⑤ 片方の手でフライパンの柄を持ち、ゴムべらで全体をぐるりと2〜3回混ぜる。

⑥ 卵がドロンとしてきたら火を止める。片方の手でフライパンの柄を持って傾け、ゴムべらで押して滑らせるように、皿に盛る。

> ちょっと卵がゆるくても火を止めて大丈夫。温まったフライパンの熱で、ちょうどいい具合に固まります。

中学年

ハムステーキとほうれんそう

パックのハムを重なったまま焼けば、厚切りハムステーキのように！
ほうれんそうコーンはバターで炒めるとグンとあまくなります

15分

道具

- □ フライパン
- □ 計量スプーン
- □ はかり
- □ フライ返し
- □ ゴムべら

材料（1人分）

- □ ロースハム（真空パックに入ったもの）Ⓐ…1パック（5〜6枚）
- □ 冷凍ほうれんそうⒷ…50g
- □ ホールコーン缶Ⓒ…大さじ4
- □ サラダ油Ⓓ…小さじ1
- □ バターⒺ…キャラメル大1個分（10g）
- □ 塩Ⓕ…少し
- □ こしょうⒼ…少し

1 ハムを焼く

① フライパンにサラダ油を入れて全体に広げる。ハムを重なったまま入れ、コンロの上に置き、中火にかける。

② 焼き色がつくまで約1分焼き、フライ返しで裏返す。

③ もう片方の面も焼き色がつくまで約1分焼き、火を止めてフライ返しで皿に取り出す。

2 ソテーを作る

④ フライパンにバターを入れ、コンロの上に置き、中火にかける。

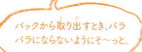
パックから取り出すとき、バラバラにならないようにそ〜っと。

40

コーンソテー

冷凍ほうれんそうは凍ったまま炒めてOK。コーンも冷凍のものを使ってもいいよ！

⑤ バターが溶けたら凍ったままのほうれんそうとコーンを入れる。

⑥ 片方の手でフライパンの柄を持ち、ゴムべらで混ぜながら、ほうれんそうがほぐれて熱くなるまで約2分炒める。

⑦ 塩、こしょうを加えて全体を混ぜる。

⑧ 片方の手でフライパンの柄を持って傾け、ゴムべらで押して③の皿に盛る。

41

`高学年`

お好み焼き

お好み焼き用の粉がなくても大丈夫。小麦粉にめんつゆを加えれば、だしの風味が出ます。お店の鉄板で作るイメージでやってみましょう

20分

道具

- ☐ フライパン
- ☐ ふた
- ☐ 計量スプーン
- ☐ 計量カップ
- ☐ はかり
- ☐ ボウル（2個）
- ☐ ゴムべら
- ☐ フライ返し

材料（1人分）

- ☐ 豚こま切れ肉Ⓐ…30g
- ☐ キャベツⒷ…中くらいの大きさのもの2枚
- ☐ 薄力粉Ⓒ…カップ½
- ☐ 卵Ⓓ…1個
- ☐ めんつゆⒺ…小さじ1
- ☐ 水Ⓕ…大さじ2
- ☐ サラダ油Ⓖ…大さじ½
- ☐ とんかつソースⒽ…大さじ1
- ☐ 青のり、かつお節Ⓘ
  …それぞれ好きなだけ

1 材料の準備をする

2 焼く

①　キャベツは洗って水けをきり、手で小さくちぎり、ボウルに入れる。

💬 固くてちぎれない軸のところは入れなくていいよ。

②　別のボウルに、卵を割り入れる。小麦粉、めんつゆ、分量の水を加え、ゴムべらで粉っぽさがなくなるまでグルグル混ぜる。

③　①のキャベツを加え、全体をよく混ぜる。

④　フライパンにサラダ油を入れて全体に広げる。③の生地を流し入れ、直径約15cmの円形にゴムべらで形を整える。

揚げ玉や桜えびなどを入れれば、もっとおいしくなるよ。

⑤ 生地の上に豚肉を広げて並べ、ふたをしてコンロの上に置き、中火にかけて約4分焼く。

⑥ 片方の手でフライパンの柄を持ち、フライ返しをお好み焼きの下に入れ、裏返す。

⑦ フライ返しで生地を上からギュッと押さえて、さらに約3分焼く。焼けたらもう一度裏返す。

⑧ フライ返しにお好み焼きをのせて皿に盛る。ソースをかけ、青のりとかつお節をふる。

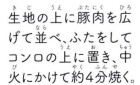

小さい口からソースを出して、直径10cmくらいのマルを1周半描くくらいが大さじ1だよ。

43

高学年

ホットケーキ

ホットケーキが、ふっくらきれいなきつね色に焼けたら素敵。
トッピングはバナナやはちみつ、メープルシロップなど好きなものでOK

20分

道具

- ☐ フライパン
- ☐ 計量カップ
- ☐ 計量スプーン
- ☐ ボウル
- ☐ 泡立て器
- ☐ お玉
- ☐ フライ返し
- ☐ ペーパータオル
- ☐ カレースプーン

材料（1人分）

- ☐ ホットケーキミックス Ⓐ …1袋(150g)
- ☐ 卵 Ⓑ …1個
- ☐ 牛乳 Ⓒ …カップ½(100㎖)
- ☐ サラダ油 Ⓓ …小さじ1
- ☐ バニラアイスクリーム Ⓔ …好きなだけ
- ☐ 冷凍ブルーベリー Ⓕ …好きなだけ

1 材料の準備をする　2 焼く

①　ボウルに卵を割り入れ、牛乳、ホットケーキミックスを加える。泡立て器で粉っぽさがなくなってなめらかになるまで、ぐるぐる混ぜる。

②　フライパンにサラダ油を入れ、ペーパータオルで薄く広げる。

　油をうす〜く広げておくと、きれいに焼けるよ！

③　①の半量をお玉ですくい、フライパンの中央に流し入れる。

④　コンロの上に置き、中火にかけて表面にプツプツと穴があいてくるまで約2分焼く。

> ホットケーキミックスの箱に書いてある焼き方と違うかもしれないけど、生地は冷たいフライパンに流し入れて大丈夫!

⑤ 片方の手でフライパンの柄を持ってフライ返しで裏返し、約2分焼く。

⑥ フライ返しをホットケーキの下に入れ皿に盛る。残りの生地も同じように焼く。

⑦ バニラアイスクリームと冷凍ブルーベリーを冷凍庫から取り出し、ホットケーキにのせる。

「高学年」

ソース焼きそば

肉は生でも、食べられるベーコンを使えば、火の通り方で失敗することなし。
野菜は最初は切る手間のないもやしだけで作ってみましょう

20分

道具

- ☐ フライパン
- ☐ ふた
- ☐ 計量スプーン
- ☐ 包丁
- ☐ まな板
- ☐ 菜ばし

材料（1人分）

- ☐ ハーフベーコン Ⓐ…4枚
- ☐ もやし Ⓑ…1袋（200g）
- ☐ 焼きそば用蒸しめん Ⓒ…1玉
- ☐ サラダ油 Ⓓ…小さじ1
- ☐ とんかつソース Ⓔ…大さじ2
- ☐ 青のり Ⓕ…好きなだけ

1 材料の準備をする

①

ベーコンはまな板にのせ、滑らないように手で押さえて包丁で2cm幅に切る。

> 押さえる手は切るところから離しておくんだね。

②

もやしは洗い、水けをきる。

2 炒める

③

フライパンにサラダ油を入れて全体に広げる。めん→もやし→ベーコンの順に重ね入れる。

④

ふたをしてコンロの上に置き、中火にかけて約2分30秒加熱する。

> 味つけは薄めにしておいて、盛りつけてから食べる人が味をみてソースをかけましょう。好みの味になっておいしいよ。

⑤ 蒸気でやけどしないように気をつけながらふたを取る。

> ふたは奥側から開けると熱くないね。

⑥ 片方の手でフライパンの柄を持ち、菜ばしでめんをほぐしながら全体を混ぜる。

⑦ ソースを加え、さらによく混ぜて火を止める。

> 小さい口からソースを出して、直径10cmくらいのマルを3周描くくらいが大さじ2だよ。

⑧ 片方の手でフライパンの柄を持って傾け、皿に盛って青のりを散らす。食べるときにさらにソースをかけても。

47

高学年

うどんナポリタン

スパゲティをゆでるのは大変なので、代わりに冷凍うどんを使ってナポリタン風に。太めんとトマトケチャップの相性はバッチリです

30分

道具

- □ フライパン
- □ 計量スプーン
- □ どんぶり（耐熱性のもの）
- □ ラップ
- □ ミトン
- □ 包丁
- □ まな板
- □ 菜ばし

材料（1人分）

- □ 冷凍うどん Ⓐ…1玉
- □ ウインナー Ⓑ…3本
- □ ピーマン Ⓒ…2個
- □ プチトマト Ⓓ…3個
- □ サラダ油 Ⓔ…小さじ1
- □ トマトケチャップ Ⓕ…大さじ2
- □ 粉チーズ Ⓖ…好きなだけ

1 材料の準備をする

2 炒める

①
冷凍うどんはどんぶりに入れて、ふんわりラップをかけて電子レンジ（600W）で2分加熱する。ミトンなどを使って取り出し、奥側からラップをはずす。

②
ピーマンは洗ってまな板に置き、滑らないように手で押さえ、縦半分に切る。へたと種を取り、横に4つに切る。プチトマトはへたを取って洗う。

③
ウインナーはまな板に置き、滑らないように手で押さえて包丁で斜め2等分に切る。

まな板で食材を切るときは、肉類は最後にするんだね。

④
フライパンにサラダ油を入れて全体に広げる。②のピーマン、③のウインナーを入れてコンロの上に置き、中火にかけて菜ばしで混ぜながらウインナーが反り返るくらいまで約2分炒める。

> ピーマンは手でちぎることもできます。ミニサイズのウインナーを使えば、包丁いらずのメニューになりますよ。

⑤ ①のうどん、②のプチトマトを加え、菜ばしでめんをほぐしながら全体を混ぜ合わせる。

⑥ ケチャップを加える。

> 小さい口からケチャップを出して、直径10cmくらいのマルを3周描くくらいが大さじ2だよ。

⑦ さらによく混ぜて火を止める。

⑧ 片方の手でフライパンの柄を持って傾け、皿に盛る。粉チーズをふる。

焼き魚定食

高学年

魚料理ができたらカッコいい！ 切り身の魚はフライパンで焼くことができます。ごはんと合わせれば、まるで定食みたい

30分

道具

- ☐ フライパン
- ☐ ふた
- ☐ 計量スプーン
- ☐ フライ返し
- ☐ 菜ばし
- ☐ ペーパータオル

材料（1人分）

☐ 甘塩鮭
……1切れ

☐ マヨネーズ
……小さじ1

☐ ごはん
……茶わん1杯

☐ サラダ油
……小さじ1

（きゅうりのみそ添え）

☐ きゅうり
……1/2本

☐ しょうゆ
……小さじ1

☐ みそ
……好きなだけ

1 材料の準備をする

① 甘塩鮭はペーパータオルで余分な水分を取る。

魚から出た水分が独特のにおいの原因なんだって。

② きゅうりは洗ってまな板にのせ、手でしっかり押さえて食べやすい大きさに切る（87ページ「きゅうりのみそ添え」を見てね）。器に盛り、みそを添える。

2 魚を焼く

③ フライパンにサラダ油を入れて全体に広げ、①の鮭を入れる。

④ ふたをしてコンロの上に置き、中火にかけて約2分焼く。

マヨネーズとしょうゆを合わせたソースをつけると、ちょっと洋風な味になるよ。この方法でぶりや塩さば、かじきなどの切り身も焼けるんだって

⑤

鮭をフライ返しと菜ばしではさんで裏返し、約1分30秒焼く。片方の手でフライパンの柄を持って、フライ返しに鮭をのせて皿に盛る。

※皿にマヨネーズを丸くしぼり、まん中にしょうゆを入れる。きゅうりのみそ添えとごはんを添える。

ソースのバリエーション

添えるソースを変えると、違ったおいしさが楽しめます。

☐ マヨネーズと粉チーズ

☐ マヨネーズとトマトケチャップ

51

高学年

焼き肉定食

みんなが大好きなパワーが出る定食。市販のたれがなくても、焼き肉味になる調味料の組み合わせは覚えておくといいですね。

30分

道具

- ☐ フライパン
- ☐ 計量スプーン
- ☐ はかり
- ☐ ポリ袋
- ☐ トング

材料（1人分）

- ☐ 豚ロース薄切り肉 …100g（3〜5枚）

- ☐ プチトマト …3個
- ☐ レタス …大1枚

- ☐ ごはん …茶わん1杯

焼き肉のたれ

- ☐ しょうゆ …小さじ1
- ☐ にんにく（チューブタイプ）…小さじ1
- ☐ はちみつ …小さじ1
- ☐ ごま油 …小さじ1

1 材料の準備をする

①

プチトマトはへたを取って洗い、皿に盛る。レタスは食べやすい大きさにちぎって洗い、水けをふき取り、皿に盛る。

②

ポリ袋に焼き肉のたれの材料を入れて軽くもんで混ぜ、肉を加えてもんでなじませる。

肉に先に味をつけておくことを「下味をつける」って言うんだって！

2 焼く

③

②の豚肉をフライパンにはりつけるように広げる。コンロの上に置き、中火にかけて約2分焼く。

④

片方の手でフライパンの柄を持って、肉をトングで裏返す。さらに約2分焼き、トングで①の皿に盛る。※ごはんを添える。

肉をフライパンにしっかり広げてのせてから焼くと、縮んで丸まることなく、カリッと香ばしく焼けるよ。

高学年

肉野菜炒め定食

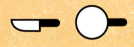

焼き肉定食（52ページ）と同じ要領で、しょうゆで味をつけた肉をしっかり焼いてから、野菜を加えて炒めます。ふたを使うと短時間で火が通りますよ

20分

道具

- ☐ フライパン
- ☐ ふた
- ☐ 計量スプーン
- ☐ はかり
- ☐ 包丁
- ☐ まな板
- ☐ トング
- ☐ ポリ袋

材料（1人分）

- ☐ 豚ロース薄切り肉Ⓐ…100g（3〜5枚）
- ☐ キャベツⒷ…中くらいの大きさのもの1枚
- ☐ ピーマンⒸ…2個
- ☐ しょうゆⒹ…小さじ1
- ☐ 塩、こしょうⒺ…各少し
- ☐ ごま油Ⓕ…小さじ2
- ☐ ごはんⒼ…茶わん1杯

1 材料の準備をする

①キャベツは洗って水けをきり、手で大きめにちぎる。

②ピーマンは洗ってまな板にのせ、縦半分に切ってへたと種を取り、横に4つに切る。

③豚肉はポリ袋に入れ、しょうゆを加え、もんでなじませる。

2 肉を焼く

④フライパンにごま油を入れ、全体に広げる。③の豚肉をフライパンにはりつけるように広げる。コンロの上に置き、中火にかけて約2分焼く。

3 野菜を炒める

この作り方なら肉が生焼けになったり、熱いフライパンに調味料を入れてはねる心配もないですよ。

⑤ 片方の手でフライパンの柄を持って、肉をトングで裏返す。

⑥ ①のキャベツ、②のピーマンを加え、ふたをして約1分加熱する。

⑦ ふたを取り、トングで混ぜて塩、こしょうをふる。片方の手でフライパンの柄を持って傾け、皿に盛る。
※ごはんとお茶を添える。

ごはんの炊き方

白くていい香りのごはんを炊くには、米についた「ぬか」を取っておく＝とぐことが大事。あまりやりすぎると米がくずれてしまうので、力を入れずに、かるーくとぎましょう

道具
- ☐ 炊飯器
- ☐ ボウル
- ☐ ざる
- ☐ しゃもじ

材料
- ☐ 米　2合（米用の計量カップで2杯）
- ☐ 水　内釜の目盛りに合わせる

米は米用の計量カップではかります。カップ1は180mlです。

1 計量する

❶米用の計量カップに米を山盛りに入れ、手で平らにして計量する。

2 洗う

❷米をざるに入れ、ボウルに重ねて水を注ぐ。

❸すぐざるを上げて、ボウルの水を捨て、またざるを重ねる。

③ とぐ

❹指を猫の手のように丸くして、ぐるぐると約20回とぐ。②③と同じように水を注いで捨てる。
❺水がほぼ透明になるくらいまで、3～4回くり返す。
❻ざるに上げて2分おく。

無洗米はここからスタート。水は少し少なめで!

④ 水を吸わせる

❼炊飯器の内釜に⑥の米を入れる。
❽内釜の目盛りの「2合」のところに合わせて水を入れ、ふたを閉めて30分おく。

⑤ 炊く

❾炊飯器の炊飯ボタンを押す。
❿炊けたら水でぬらしたしゃもじで下から持ち上げるようにして、ごはんをほぐす。

中学年

だしのとり方

「だし」の味は日本料理、和食の基本です。
かつお節などの「だし食材」を煮て、おいしい味をじわーっと引き出し、
スープだけを使います。飲んでみると、透明なのに味や香りを感じられるはず。
たくさん手をかけて作る方法もあるけれど、自分の分だけなら
かつお節にお湯を注ぐだけでも。
かつお節はちょっとぜいたくに使いましょう

> お茶をいれるみたいに簡単なのに、飲んだら「ぷはー」と思わず言ってしまうおいしさ！これを使ってだし茶漬けやみそ汁が作れるよ。

道具
- ☐ 大きめの計量カップ
- ☐ 茶こし
- ☐ ボウル

材料（作りやすい分量）
- ☐ 熱湯　250㎖
- ☐ かつお節　大1パック（小さいものなら2パック）

作り方

❶計量カップにかつお節を入れて、熱湯を注ぐ。

❷約3分おいて、うまみをじわーっと引き出す。

❸茶こしでお茶をいれるときのように注ぎ、かつお節を取る。

ごはんに鮭フレークを好きなだけのせ、上からだしをかけると、「だし茶漬け」に。ちょっとしょうゆをたらしても！

簡単みそ汁

わかめのみそ汁

毎日食べても飽きない！

道具
- □ 大きめの計量カップ
- □ 茶こし
- □ 計量スプーン
- □ 菜ばし
- □ おわん

材料（1人分）
- □ 熱湯　300ml
- □ かつお節　大1パック（小さいものなら2パック）
- □ みそ　大さじ1弱
- □ カットわかめ（乾燥）　少し（ティースプーン1杯）

> 茶こしでみその中にあるツブツブも取れて、なめらかになるんだ！

作り方

❶ 計量カップにかつお節を入れて、熱湯を注ぎ、約3分おく。

❷ みそを加え、菜ばしで混ぜて溶かす。

❸ おわんにわかめを入れ、②を茶こしでこしながら加える。

【中学年】

みそ汁いろいろ

いつものみそ汁もいいけれど、「えっ、これ入れちゃうの!?」とびっくりするような具も驚きのおいしさに。チャレンジしてみませんか?

プチトマトとオリーブ油のみそ汁

あったかいトマトっておいしい

道具
- ☐ 大きめの計量カップ
- ☐ 茶こし
- ☐ 計量スプーン
- ☐ ティースプーン
- ☐ 菜ばし
- ☐ おわん

材料(1人分)
- ☐ 熱湯 250ml
- ☐ かつお節 大1パック(小さいものなら2パック)
- ☐ みそ 大さじ1弱
- ☐ プチトマト 3個
- ☐ オリーブ油 少し(ティースプーン1杯)

作り方
❶計量カップにかつお節を入れて熱湯を注ぎ、約3分おく。
❷みそを加えて、菜ばしで混ぜて溶かす。
❸②を茶こしでこしながらおわんに入れ、へたを取って洗ったプチトマトとオリーブ油を加える。

レタスとバターのみそ汁

しゃきしゃきレタスがアクセント

道具
- ☐ 大きめの計量カップ
- ☐ 茶こし
- ☐ 計量スプーン
- ☐ 菜ばし
- ☐ おわん

材料(1人分)
- ☐ 熱湯 250ml
- ☐ かつお節 大1パック(小さいものなら2パック)
- ☐ みそ 大さじ1弱
- ☐ レタス 1枚
- ☐ バター 少し(約5g)

作り方
❶計量カップにかつお節を入れて熱湯を注ぎ、約3分おく。
❷みそを加えて、菜ばしで混ぜて溶かす。
❸②を茶こしでこしながらおわんに入れ、ちぎったレタスとバターを加える。

納豆のみそ汁

納豆のねばねばでみそ汁がとろ〜り

道具
- ☐ 大きめの計量カップ
- ☐ 茶こし
- ☐ 計量スプーン
- ☐ 菜ばし
- ☐ おわん

材料（1人分）
- ☐ 熱湯　250ml
- ☐ かつお節
　　…大1パック（小さいものなら2パック）
- ☐ みそ　大さじ1弱
- ☐ 納豆　⅓パック

作り方
❶ 計量カップにかつお節を入れて熱湯を注ぎ、約3分おく。
❷ みそを加えて、菜ばしで混ぜて溶かす。
❸ おわんに納豆を入れ、②を茶こしでこしながら加える。

ベーコンとミルクのみそ汁

まるで洋風スープみたいな味！

道具
- ☐ 電子レンジ
- ☐ 大きめの計量カップ
- ☐ 茶こし
- ☐ 計量スプーン
- ☐ 菜ばし
- ☐ おわん

材料（1人分）
- ☐ 熱湯　150ml
- ☐ かつお節　大1パック
　　（小さいものなら2パック）
- ☐ 牛乳　100ml
- ☐ みそ　大さじ1弱
- ☐ ハーフベーコン　2枚

作り方
❶ 計量カップにかつお節を入れて熱湯を注ぎ、約3分おく。
❷ みそを加えて、菜ばしで混ぜて溶かす。
❸ おわんにベーコンを入れ、②を茶こしでこしながら加える。
❹ 計量カップをさっと洗って牛乳を入れる。電子レンジ（600W）で45秒加熱して、③に加える。

どんな味がするかワクワク。実験みたい！

3章 定番料理を

ハンバーグにカレーにチャーハン……
おうちの人が作る定番料理に挑戦するのは
ちょっと高い技術が必要。

ぼくら流に

でも秘密の作戦を使えば、
子どもにだってできます。
達成したときの喜びは最高!
包丁やコンロ、熱いものを取り扱うときは
おうちの人に確認してもらってね。

高学年

あまから照り煮チキン

照り焼きチキンは、焦がさないように焼くのがむずかしい……。
でもフライパンに鶏肉と調味料を入れて煮るだけなら簡単です！

30分

道具

- □ フライパン
- □ ふた
- □ 計量スプーン
- □ 計量カップ
- □ トング
- □ ゴムべら
- □ フォーク

材料（2人分）

- □ 鶏もも肉（から揚げ用）…8〜10切れ（300g）

- □ にんにく（チューブタイプ）…2cm

- □ ゆで卵（固ゆでにしたもの）…2個
※作り方は84ページを見てね！

- □ しょうゆ…大さじ2

- □ ごま油…小さじ1

- □ キャベツ…好きなだけ

- □ はちみつ…大さじ1

- □ 水…100ml

1 材料の準備をする   2 煮る

① ゆで卵は殻をむく。キャベツは洗って水けをきり、手で食べやすい大きさにちぎる。

② フライパンに鶏肉、しょうゆ、はちみつ、にんにく、ごま油、分量の水を入れ、ゴムべらで全体を混ぜる。

③ ふたをしてコンロの上に置き、中火にかける。沸騰してプクプクと泡が出たら弱めの中火にして約5分煮る。

④ ふたを取り、片方の手でフライパンの柄を持ち、トングで鶏肉を裏返す。

鶏肉を切るのは大変だから、あらかじめ食べやすい大きさに切れている「から揚げ用」のものを使うとラクチンだよ。

①のゆで卵を加え、火を強めて、トングで転がしながら煮汁をからめる。

ゴムべらでときどき混ぜ、煮汁がとろんとなったら火を止める。器に盛り、煮汁をかける。ゆで卵をフォークで半分に割り、①のキャベツを添える。

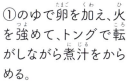

煮汁の量が少なくなってブクブクとマグマみたいになるよ!

65

高学年

炊飯器チキンライス

炊飯器におまかせでできちゃうメニュー。38ページの「具入りスクランブルエッグ」を具なしで作って、チキンライスの上にのっければ、オムライスになります

60分
（炊飯時間約40分）

道具
- ☐ 炊飯器
- ☐ 計量スプーン
- ☐ 計量カップ
- ☐ 米用計量カップ
- ☐ ボウル
- ☐ ざる
- ☐ 菜ばし
- ☐ しゃもじ

材料（2〜3人分）

- ☐ 米Ⓐ…2合（米用の計量カップで2杯）
- ☐ 水Ⓑ…360ml
- ☐ 鶏もも肉（から揚げ用）Ⓒ…6〜8切れ（200g）
- ☐ 冷凍ミックスベジタブルⒹ…カップ1/2（50g）
- ☐ 冷凍ブロッコリーⒺ…4個（50g）
- ☐ 塩Ⓕ…小さじ1/3
- ☐ コンソメスープのもと（粉のタイプ）Ⓖ…小さじ2
- ☐ トマトケチャップⒽ…大さじ3
- ☐ バターⒾ…キャラメル大1個分（10g）

1 米をといで水にひたす

① 米をざるに入れ、ボウルに重ねて水を注ぐ。すぐざるを上げて、ボウルの水を捨て、またざるを重ねる。米を手で約20回とぐ。

② 水を注ぎ、ボウルの水を捨てる。水がほぼ透明になるまでくり返す。水けをきり、炊飯器の内釜に入れて分量の水を加え、約30分おく。
※くわしいやり方は56ページを見てね！

2 材料の準備をする

③ 鶏肉に塩をすり込み、約5分おく。

3 炊く

④ ②の米にコンソメスープのもとを加え、菜ばしで全体を混ぜる。

4 仕上げる

⑤ ③の鶏肉、ミックスベジタブル、バターを加え、炊飯器にセットして炊飯ボタンを押す。

⑥ 炊き上がったらふたを開け、ケチャップとブロッコリーを加え、もう一度ふたをして約3分おく。再びふたを開け、しゃもじで全体を混ぜ、皿に盛る。

> さっと水でぬらしたどんぶりにチキンライスを入れて皿を上にのせ、ひっくり返すと型を使ったみたいに盛りつけられてステキ♡

高学年

キーマカレー

包丁なしで作れる簡単クイックカレー。水を使わずにトマトジュースを入れれば、お店のような深〜い味になりますよ!

30分

道具

- □ フライパン
- □ 計量スプーン
- □ 計量カップ
- □ はかり
- □ ボウル
- □ フォーク
- □ ゴムべら
- □ しゃもじ
- □ お玉

材料（2人分）

- □ 合いびき肉Ⓐ…100g
- □ ホールコーン缶Ⓑ…50g
- □ ミックスビーンズ缶Ⓒ…50g
- □ トマトジュースⒹ…200mℓ
- □ にんにく（チューブタイプ）Ⓔ…2cm
- □ カレールウⒻ…40g
- □ サラダ油Ⓖ…小さじ1
- □ ゆで卵（固ゆでしたもの）Ⓗ…2個
  ※作り方は84ページを見てね!
- □ ごはんⒾ…茶わん2杯

1 材料の準備をする

2 炒める

3 煮る

① ゆで卵は殻をむき、ボウルに入れてフォークでざっくりつぶす。

② フライパンにサラダ油を入れて全体に広げる。にんにくと合いびき肉を入れて、コンロの上に置き、中火にかける。

③ 片方の手でフライパンの柄を持ち、ゴムべらでひき肉をほぐしながら色が変わるまで炒める。コーン、ミックスビーンズ、トマトジュースを加え、全体を混ぜる。

④ 沸騰してプクプクと泡が出てきたら、弱火にして約5分煮る。

液体の量が少ないと、カレールウが溶けにくいのが困ります。フレーク状に細かくなったものなら溶けやすいので、1分かからずに、できあがり。

4 カレールウを加え、煮る

⑤ 火を止めてカレールウを加え、約1分おく。

⑥ 片方の手でフライパンの柄を持ち、ゴムべらで全体を混ぜてカレールウを溶かす。再び火をつけて中火にし、とろみが出るまで1〜2分混ぜながら煮る。

⑦ 器に盛ったごはんにお玉でカレーをかけて、①のゆで卵を散らす。

ピザ用チーズやレーズンなど、好きなものをトッピングしてもおいしそう!

高学年

煮込みハンバーグ

ハンバーグは大きいと、焦がさずに中まで火が通るように焼くのはむずかしいから、小さく丸めて煮込んでしまいましょう

40分

道具

- □ フライパン
- □ ふた
- □ 計量スプーン
- □ ポリ袋
- □ キッチンばさみ
- □ カレースプーン
- □ フライ返し
- □ お玉

材料（2人分）

［ハンバーグのたね］
- □ 合いびき肉Ⓐ…200g
- □ パン粉Ⓑ…大さじ2
- □ 牛乳Ⓒ…大さじ2
- □ 塩Ⓓ…2ふり
- □ こしょうⒺ…少し
- □ オリーブ油Ⓕ…大さじ3
- □ 冷凍ブロッコリーⒼ…6個

［トマトソース］
- □ トマト水煮缶（カットタイプ）Ⓗ…1缶（400g）
- □ にんにく（チューブタイプ）Ⓘ…2cm
- □ 塩Ⓓ…小さじ1/3
- □ こしょうⒺ…少し

1 ハンバーグのたねを作る

2 焼く

① ポリ袋にパン粉と牛乳を入れて、パン粉がやわらかくなるまで手で袋をもむ。

② ひき肉、塩、こしょうを加え、中身が混ざるまで約20回袋の上からもむ。

③ ②の袋の両端をはさみで切って開く。

④ フライパンにオリーブ油を入れて全体に広げる。カレースプーンで③のハンバーグのたねをフライパンに置き、軽くつぶす。同じように全部で12個作る。

仕上げに粉チーズをふるのもおすすめだよ。

3 煮込む

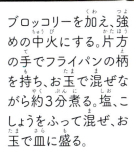

⑤ ふたをしてフライパンをコンロの上に置き、中火にかける。ハンバーグのまわりが白くなるまで約2分焼く。

⑥ 火を止めてふたを取り、フライ返しとカレースプーンで裏返す。

⑦ トマト水煮、にんにくを加え、また中火にかける。ソースがブクブクしてきたら、お玉で全体を混ぜる。ふたをして弱火にし、約5分煮る。

⑧ ブロッコリーを加え、強めの中火にする。片方の手でフライパンの柄を持ち、お玉で混ぜながら約3分煮る。塩、こしょうをふって混ぜ、お玉で皿に盛る。

71

中学年

クリームコーンドリア

混ぜて、のっけて、焼くだけで、まるでレストランのようなドリアが完成。
できたての熱々をほおばるのが最高！

30分

道具

- □ オーブントースター
- □ 計量スプーン
- □ はかり
- □ 包丁
- □ まな板
- □ ボウル
- □ しゃもじ
- □ カレースプーン
- □ グラタン皿
- □ 天パン
- □ ミトン

材料（2人分）

- □ ロースハム Ⓐ …2枚
- □ クリームコーン缶 Ⓑ …小1缶（180g）
- □ 冷凍ほうれんそう Ⓒ …50g
- □ 牛乳 Ⓓ …大さじ3
- □ ごはん Ⓔ …茶わん2杯（300g）
- □ 塩 Ⓕ …少し
- □ こしょう Ⓖ …少し
- □ ピザ用チーズ Ⓗ …好きなだけ（約40g）

材料の準備をする

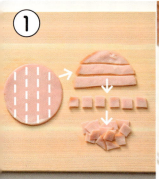

① ハムを重ねてまな板にのせ、滑らないように手で押さえて包丁で細く切る。横向きに置き、同じように切って小さな四角形にする。

② ボウルに、ほうれんそう、①のハム、クリームコーン、牛乳、塩、こしょうを入れてカレースプーンで混ぜ合わせる。

③ グラタン皿2枚にごはんをしゃもじで盛り、カレースプーンで平らになるように敷き詰める。

④ ごはんの上に②を半量ずつのせる。

ホワイトソースを使うことの多いドリアですが、クリームコーン缶をソースにするとあま〜くなっておいしい♪

2 焼く

⑤ チーズをまんべんなく散らす。

⑥ ⑤を天パンにのせてオーブントースターに入れ、焼き色がつくまで約8分焼く。

⑦ ミトンなどをして、やけどをしないように注意して天パンごと取り出す。

中学年

炒めないチャーハン

ごはんを炒めずに電子レンジで作ります。ポイントはごま油とザーサイの風味。簡単にコクがあるチャーハン風の味に！

30分

道具

- ☐ 電子レンジ
- ☐ 計量スプーン
- ☐ はかり
- ☐ 包丁
- ☐ まな板
- ☐ ボウル（耐熱性のもの）
- ☐ ラップ
- ☐ ミトン
- ☐ カレースプーン

材料（2人分）

- ☐ ピーマンⒶ…大2個
- ☐ ロースハムⒷ…4枚
- ☐ ザーサイⒸ…25g
- ☐ ごはん（温かいもの）Ⓓ…茶わん大盛り2杯
- ☐ ごま油Ⓔ…大さじ1
- ☐ 鶏がらスープのもとⒻ…小さじ2
- ☐ 塩Ⓖ…少し
- ☐ こしょうⒽ…少し

1 材料の準備をする

①

ピーマンは洗って縦半分に切り、へたと種を取る。まな板に縦に置き、手で押さえて包丁で細く切る。横向きに置き、同じように切って小さな四角形にする。

②

ハムを重ねてまな板にのせ、滑らないように手で押さえて包丁で細く切る。横向きに置き、同じように切って小さな四角形にする。

③

ザーサイをまな板にのせ、包丁でざくざくと小さく切る。

2 電子レンジにかける

④

ボウルに①のピーマン、②のハム、③のザーサイ、ごま油、鶏がらスープのもと、塩、こしょうを入れ、ラップをかけて電子レンジ（600W）で2分加熱する。

⑤ ミトンなどをして、やけどをしないように注意してボウルを取り出す。ラップを奥側からはずし、ごはんを加えて、カレースプーンで全体を混ぜ、皿に盛る。

ピーマンやハムは小さい四角形に切りやすい食材。包丁使いの練習になるので挑戦して。

高学年

ざっくり牛丼

大人のように玉ねぎを薄く切れなくてもご安心を。
大ぶりのままゆっくり煮ることで、逆にあまさが引き出されます

40分

道具

- □ フライパン
- □ ふた
- □ 計量スプーン
- □ 計量カップ
- □ はかり
- □ ボウル
- □ まな板
- □ 包丁
- □ 菜ばし
- □ しゃもじ
- □ お玉

材料（2人分）

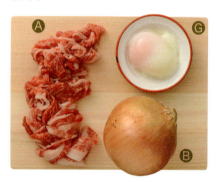

- □ 牛こま切れ肉Ⓐ…100g
- □ 玉ねぎⒷ…1個
- □ めんつゆⒸ…大さじ3
- □ 砂糖Ⓓ…大さじ1
- □ 水Ⓔ…150mℓ
- □ ごはんⒻ…茶わん2杯
- □ 温泉卵Ⓖ…2個

材料の準備をする

①

ボウルに水を入れ、玉ねぎをしばらくつけておく。

②

皮を上から横方向にくるくるとむく。

りんごの皮むきみたい！

③

まな板に玉ねぎを置き、転がらないように手でしっかり押さえ、縦半分に切り、包丁で上と下を切り落とす。

④
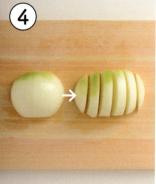

まな板に玉ねぎの切り口を下にして置き、手でしっかり押さえ、写真のように1.5cm幅くらいに切る。残りの半分も同じように切る。

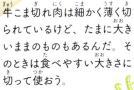

牛こま切れ肉は細かく薄く切られているけど、たまに大きいままのものもあるんだ。そのときは食べやすい大きさに切って使おう。

2 煮る

⑤

⑥

⑦

フライパンにめんつゆ、砂糖、分量の水、④の玉ねぎを入れる。

ふたをしてフライパンをコンロの上に置き、中火にかける。沸騰してプクプクと泡が出たら、ごく弱火にして約10分煮て、火を止める。

牛肉を加え、片方の手でフライパンの柄を持ちながら菜ばしでほぐす。また中火にして約2分煮て、どんぶりに盛ったごはんにかける。

※ごはんの上にお玉でかけ、温泉卵を割り入れる。

77

高学年

ミネストローネパスタ

たっぷりのお湯でスパゲティをゆでて、ざるに上げるのは大変だから、スープで煮てしまいましょう。鍋1つでできて洗い物も減らせます

40分

道具

- ☐ 鍋
- ☐ 計量スプーン
- ☐ 計量カップ
- ☐ はかり
- ☐ ボウル
- ☐ まな板
- ☐ 包丁
- ☐ お玉

材料（作りやすい分量）

- ☐ 玉ねぎⒶ…1個
- ☐ ウインナーⒷ…4本
- ☐ ピーマンⒸ…2個
- ☐ オリーブ油Ⓓ…大さじ2
- ☐ トマトジュースⒺ…400㎖（2パック）
- ☐ チキンスープのもとⒻ…小さじ2
- ☐ にんにく（チューブタイプ）Ⓖ…2㎝
- ☐ スパゲティ（ゆで時間5〜10分のもの）Ⓗ…30g
- ☐ 塩Ⓘ…少し
- ☐ こしょうⒿ…少し
- ☐ 粉チーズⓀ…好きなだけ

材料の準備をする

①

スパゲティは半分に折る。

②

玉ねぎは皮をむいてまな板に置き、包丁で縦半分に切り、上と下を切り落とす。切り口を下にして置き、半分に切り、さらに2㎝幅に切る。

③

ピーマンは洗って縦半分に切り、へたと種を取る。まな板に置き、包丁で縦半分に切り、さらに2㎝幅に切る。

④

ウインナーは、包丁で2㎝幅に切る。

器に盛る前にスパゲティを1本食べてみて。まだ固いようだったら煮る時間を少しのばしてね。

2 煮る

鍋に②の玉ねぎ、③のピーマン、④のウインナーを入れ、オリーブ油を加え、お玉で全体にからめてつやっとするまで混ぜ、炒める。

トマトジュース、チキンスープのもと、にんにくを加え、コンロの上に置いて中火にかける。沸騰してプクプクと泡が出たら、ごく弱火にして約5分煮る。

①のスパゲティを加え、約7分煮る。塩、こしょうを加えて混ぜ、お玉で器に盛り、粉チーズをふる。

高学年

かんたん豚汁（とんじる）

具は豚肉、2種類の野菜ときのこだけ。野菜を切るのだけ頑張れば、あとは鍋におまかせでOK。ごはんといっしょにどうぞ

40分

道具
- □ 鍋
- □ 計量スプーン
- □ 計量カップ
- □ はかり
- □ ピーラー
- □ まな板
- □ 包丁
- □ お玉
- □ ボウル
- □ 菜ばし

材料（2人分）

- □ 豚こま切れ肉Ⓐ…80g
- □ じゃがいもⒷ…1個
- □ 長ねぎ（白いところ）Ⓒ…1本
- □ しめじⒹ…1パック
- □ だしパックⒺ…1袋
- □ 水Ⓕ…700ml
- □ みそⒼ…約大さじ3

材料の準備をする

①じゃがいもは洗ってピーラーで皮をむき、芽を取り除く。まな板にじゃがいもを置き、滑らないように手で押さえ、包丁で半分に切る。

②まな板に①のじゃがいもを切り口を下にして置き、包丁で半分に切る。横向きに置き、2cm幅に切る。残りも同じように切り、すべて鍋に入れる。

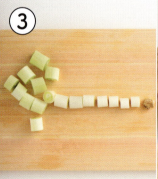

③長ねぎをまな板に置き、滑らないように手で押さえ、包丁で根の部分を切り落とす。2cm幅に切って鍋に入れる。

④しめじは手で4つに分けて、包丁で根元を約1cm切り落とす。

> みそは鍋の中にじかに入れて溶こうとすると、なかなかうまくいきません。小さめのボウルに煮汁を取り分けて溶いたほうが早くできます。

2 煮る

3 みそを入れる

⑤ 鍋に豚肉を広げながら加え、④のしめじも小さく分けながら加える。

④ だしパックと分量の水を加えて、コンロの上に置いて中火にかける。

> 薄茶色の細かい泡は「あく」って言うんだって。

⑦ 沸騰してプクプクと泡が出たら、お玉で薄茶色の細かい泡をすくい取り、水を入れたボウルに捨てる。約8分煮て、菜ばしでだしパックを取り除く。

⑧ ボウルに鍋の煮汁をお玉でひとすくい入れ、みそを加えて菜ばしで溶く。鍋に戻し、全体を混ぜる。味見をして薄いようなら同じようにしてみそを足す。器にお玉で盛る。

81

高学年

チキンカレー

みんなが大好きなカレーがじょうずに作れれば料理名人！ 具は大ぶりに切ってダイナミックカレーに。「おいしくなーれ」とじっくり煮込んでくださいね

60分

道具

- □ 鍋
- □ 計量スプーン
- □ 計量カップ
- □ はかり
- □ 包丁
- □ まな板
- □ ピーラー
- □ ミトン
- □ お玉
- □ しゃもじ

材料（作りやすい分量）

- □ 鶏もも肉（から揚げ用）Ⓐ…200g
- □ 玉ねぎⒷ…1個
- □ にんじんⒸ…小1本
- □ じゃがいもⒹ…2個
- □ サラダ油Ⓔ…大さじ½
- □ 水Ⓕ…600㎖
- □ カレールウⒼ…80g
- □ ごはんⒽ…茶わん3〜4杯

1 材料の準備をする

①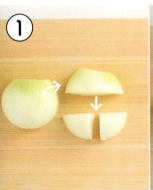

玉ねぎは皮をむいてまな板に置き、包丁で縦半分に切り、上と下を切り落とす。切り口を下にして置いて、半分に切り、さらに半分に切る。残りも同じように切る。

②

にんじんは洗ってピーラーで皮をむき、まな板に置いて包丁でへたを切り落とす。太いほうを押さえて細いほうから2㎝幅の輪切りにする。

③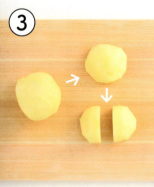

じゃがいもは洗ってピーラーで皮をむき、芽を取り除く。まな板に置き、滑らないように手で押さえ、包丁で半分に切る。切り口を下に置き、さらに半分に切る。

2 炒める

④

鍋にサラダ油を入れて全体に広げ、鶏肉、①②③の野菜を加える。コンロの上に置いて中火にかけ、片手で鍋の取っ手を持ちながら約1分炒める。

特別なごちそうのときには、骨つきの肉（鶏手羽元など）を使うのもおすすめ。だしが出てより深みのある味になるよ。

3 煮る

4 ルウを溶かす

⑤

⑥

⑦

⑧

⑤ 分量の水を加え、沸騰してプクプクと泡が出たら、お玉で薄茶色の細かい泡をすくい取り、水を入れたボウルに捨てる。ふたをして弱火で10〜15分煮る。

⑥ ふたを取り、串などでじゃがいも、にんじんを刺して、すっと通ればOK。固いようならさらに約5分煮る。

⑦ 火を止めてカレールウを加え、煮汁にしずめて約2分おく。やわらかくなったら、混ぜて溶かす。

⑧ また中火にかけ、片手で鍋の取っ手を持ち、とろみが出るまでお玉で混ぜながら約3分煮る。器に盛ったごはんの上にかける。

中学年

ゆで卵の作り方

そのまま食べてもおいしいし、料理に添えればボリュームアップもできるゆで卵。
ゆでる時間によって、黄身の固さが変わります。
自分の好きな固さを見つけてみましょう

道具
- ☐ 鍋
- ☐ お玉（またはトング）
- ☐ ボウル
- ☐ タイマー

材料（作りやすい分量）
- ☐ 卵…好きなだけ
- ☐ 塩…少し

> 卵は一度に何個ゆでても、ゆで時間は同じ！

作り方

1 ゆでる

❶鍋に水をたっぷり入れてコンロの上に置き、中火にかける。沸騰してプクプクと泡が出たら塩を加え、卵をお玉（またはトング）で鍋の底にあたらないようにそっと入れる（ポトンと落とすと、卵が割れるので注意）。

❷タイマーで時間をはかり、好みの固さになるまでゆでる。

❸お玉で卵を取り出し、水を入れたボウルにそっと入れる。

> お湯が沸いてから卵を入れてゆでると殻がむきやすくなるよ。

2 殻をむく

❹さわれるくらいに冷めたら、平らな台に数ヵ所ぶつけて、殻全体にひびを入れる。

❺親指の真ん中（やわらかくてぷっくりふくれたところ）を使って殻をむく。

とろとろ卵
ゆで時間5〜6分

そのまま塩やしょうゆをかけて。
マヨネーズをのせてもおいしい！
殻がむきにくかったら、半分だけむいて
スプーンですくって食べても。

半熟卵
ゆで時間7〜8分

そのまま食べてもよし。
まるごと料理に加えて
ボリュームアップも。

64ページ
「あまから照り煮チキン」

固ゆで卵
ゆで時間9〜10分

そのまま食べてもよし。
切って料理のトッピングにも。

68ページ
「キーマカレー」

中学年

野菜ひとつでミニおかず

メインのおかずに添える野菜のおかずがあるとカッコいい！
サラダみたいにたくさん野菜を使わなくても、
ひとつだけを切ったりちぎったりするだけで立派なおかずになりますよ

プチトマトのはちみつがけ

あまくてフルーツみたいに！

道具
- ボウル

材料（1人分）
- プチトマト　4個
- はちみつ　好きなだけ

作り方
プチトマトは、へたを取って洗う。
器に盛り、はちみつをかける。

ちぎりキャベツのソースがけ

細く切ってなくてもいいんです

道具
- ボウル
- ざる

材料（1人分）
- キャベツ…1枚
- ソース…好きなだけ

作り方
キャベツは洗って水けをきり、食べやすい大きさにちぎる。器に盛り、ソースをかける。

きゅうりのみそ添え

大胆に1本まるごとだっていい！

道具
- まな板
- 包丁

材料（1人分）
- きゅうり…1本
- みそ…好きなだけ

作り方
きゅうりは洗ってまな板に置き、包丁で食べやすい大きさに切る。器に盛り、みそを添える。

レタスのヨーグルトマヨがけ

マヨ＋ヨーグルトでさっぱり

道具
- ボウル

材料（1人分）
- レタス…1枚
- マヨネーズとプレーンヨーグルト（砂糖の入っていないもの）…同じ量を好きなだけ

作り方
レタスは洗って水けをふき取り、食べやすい大きさにちぎり、器に盛る。ボウルにマヨネーズとプレーンヨーグルトを入れて混ぜ合わせ、かける。

なるほど！
子ども
キッチン
辞典

買い物に挑戦

材料をそろえることから料理はスタート。もし材料が家になかったら「買ってこようか？」とおうちの人に声をかけてみましょう

ステップ 1　買うものを紙に書き出して出かける

覚えたつもりでも、お店でついうっかり忘れてしまうことは大人でもよくあります。何を買ってきたらいいか、紙に書いて出かけましょう。

ステップ 2　お店では売り場の名前をチェック

野菜や果物は「青果」、肉類は「精肉」、魚類は「鮮魚」という名前の売り場にあります。「乳製品（チーズ、バターなど）」「めん（焼きそばなど）」などは冷蔵の棚、「冷凍食品（冷凍うどん、冷凍野菜など）」は冷凍の棚、「調味料」「缶詰」「乾物」など冷蔵庫に入れなくていいものはその他の棚に並んでいます。

ステップ 3　パッケージをチェック

品物の袋や貼ってあるシールに細かい情報が書いてあります。特にわかりにくいのが肉類。肉の種類だけでなく、肉が育った場所、切り方、体のどの部分の肉かなど、いろいろな情報が書いてあるので、よ〜く見て選びましょう。

わからなかったらお店の人に聞いてみましょう。

料理の順番

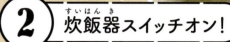「肉野菜炒め定食」(54ページ)でチェックしてみよう！

炊飯器

まな板、包丁

計量スプーン

フライパン

水

② 炊飯器スイッチオン！

炊けているものがなければ、
一番はじめにご飯を炊きはじめます。

③ 材料を切る

肉が大きいときは
食べやすくカット。
野菜→肉の順で切ります。

① 野菜を洗う、米をとぐ

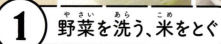

料理の順番は使う道具ごとに考えてみるとわかりやすいです。
途中であせらないために、あらかじめ整理しておくのもいいですね。
包丁やコンロ、熱いものを取り扱うときは
おうちの人に確認してもらってね。

7 ごはんをよそう

調味料をはかり、肉といっしょにポリ袋に入れて、下味をつけます。

4 調味料をはかる

器は出しておく！

6 炒める

料理の途中で一度道具を洗っておくとスッキリ。

5 道具を洗う

完成！

洗い物のルール

後片づけまでが料理！ キッチンを使ったら散らかしたままにしないで、洗い物までやりましょう。余裕があったら料理をしている間に道具を洗えるといいですね

ルール 1 泡のついたスポンジを持つ手を決める

両手を泡だらけにしてしまうと洗い物を持つ手がすべってしまい、うっかり落としてしまうことも。片手は泡をつけないままにしておきましょう。

ルール 2 ガラス製のものはていねいに扱う

落とすと割れてしまうかもしれないガラス製のものは、特にていねいに扱いましょう。取っ手つきだったら、泡のついてない手でしっかり持つこと。

ルール 3
包丁は使ったらすぐ洗ってしまう

包丁を洗うときは持ち手をしっかり持って。刃と反対側からスポンジではさみ、持ち手→刃先の一方通行で動かしましょう。水ですすいでふきんでふくときも刃と反対側から。

ルール 4
水きりかごには下に向けて置く

泡を洗い流したあと、水きりかごに下を向けて置きましょう。上に向けて置くと残った水がたまったままになってしまいますよ。

ゴミはまとめる

料理をしている間には、皮やへたなどのゴミが出てきます。あちこちに置いたままだと後片づけが大変に。ボウルやレジ袋などにまとめておくと、キッチンがすっきり使えます。

93

料理の雑学集

料理をするときに役に立つ情報を集めました。これを知っていたら雑学王になれるかも!?

【卵の上手な溶き方は?】
卵を割ると、黄身、白身がそれぞれ固まった状態。特に白身は菜ばしなどを切るように動かすことで黄身としっかり混ざります。スクランブルエッグはしっかり溶くとおいしいです。

【バターの有塩、無塩って?】
普段使っているバターには塩が入っているので、バターを使うと少ししょっぱい味がつきます。お菓子用には塩の入っていない「無塩」タイプを使います。バターのほか、トマトジュースにも「有塩」「無塩」と書いてあるはず。「無塩」の代わりに「食塩不使用」という言葉で書いてあることもあります。

【ヨーグルトの無糖、加糖って?】
無糖は砂糖が入っていないもの、加糖は砂糖が入っているもの。小分けのカップに入っているヨーグルトは、砂糖のほかにもぷるぷるに固まらせるものや香りをつけるものが入っていることがあります。料理によく使うのは「プレーン」「無糖」タイプです。

【カット野菜は便利】
スーパーなどで売っている袋に入ったカット野菜。キャベツ、もやし、にんじんなどが切って合わせてある「焼きそば用」などもあります。

【ピーマンのへたを取る裏ワザ】
へたのところに親指を突っ込むだけ。種もいっしょに取れます。包丁を使わずに手でちぎって使うときに!

【「甘塩」って何?】
鮭の切り身は塩漬けになっていない生鮭、塩けの少ない甘塩鮭、しっかり塩につけてある塩鮭があります。甘塩鮭は少し塩味がついていて、ソースによって味に変化がつけられるので、使いやすいです。

【はちみつのパワーはすごい!】
はちみつには肉をやわらかくする効果が! はちみつ入りのたれにつける時間を少し長めにすると、よりやわらかく焼き上がります。

【ロースってどこ?】
肩から腰にかけての背中の肉。肉と脂のバランスがよい高級な部分で、焼き肉、炒め物に向いています。

【お好み焼き? 広島焼き?】
生地に具を混ぜ込んで焼くのがお好み焼きの基本形。広島焼きはクレープ状の薄い生地を焼き、焼きそばや目玉焼きなどをはさみます。

【ホットケーキミックスって何が入っている?】
薄力粉に砂糖や塩をプラス。さらにふくらむもととなるベーキングパウダーが入っているのが一般的です。

【あくって何?】
煮る料理をするとプクプクと出てくる薄茶色の泡があく。食材の中のおいしくない成分なので、取り除かないとにおいが残り、モワモワが舌にザラザラあたっておいしくなくなります。

【合いびき肉って何?】
ひき肉は肉をこまかく切ったり、すりつぶしたりしたもの。合いびき肉は牛肉と豚肉の両方が合わさっているひき肉のこと。

【こま切れ肉ってどこの部分?】
「こま切れ」は場所を表している言葉じゃなくて「各部位の切れ端」ということ。いろいろな場所の肉が交ざっている場合もあります。

【玉ねぎを切ると涙が出るのはなぜ?】
玉ねぎの中の「硫化アリル」という成分が目を刺激して涙が出ます。切る前に水につけておくと、涙が出にくくなります。

【切った野菜の色が変わるのはなぜ?】
野菜の中の成分には空気にふれると赤茶色に変わるものがあります。レタスなどは水につけておいて使う直前に切るのが◎。使いきれない野菜はぴっちりラップで包んで冷蔵庫の野菜室にしまいましょう。

上田淳子（うえだ・じゅんこ）

兵庫県神戸市生まれ。辻学園調理技術専門学校の西洋料理研究職員を経て渡欧。スイスのベッカライ（パン屋）を始め、フランスの三ツ星レストランやシャルキュトリー（ハム・ソーセージ専門店）などで修業を積み、帰国後は東京のサロン・ド・テでシェフパティシエとして勤務したのち、料理研究家として活動。大学生の双子の男の子の母であり、自らの育児経験と知恵を生かした作りやすい家庭料理のレシピが好評。子どもと家族の"食"に関する活動を行い、『るすめしレシピ』（自由国民社）、『共働きごはん』（主婦の友社）、『冷凍お届けごはん』（講談社）など著書も多数。

講談社のお料理BOOK
ひとりでできる
子どもキッチン

2018年6月20日　第1刷発行
2022年10月14日　第15刷発行

著　者	上田淳子
発行者	鈴木章一
発行所	株式会社 講談社
	〒112-8001 東京都文京区音羽2-12-21
	電話　編集 03-5395-3527
	販売 03-5395-3606
	業務 03-5395-3615
印刷所	凸版印刷株式会社
製本所	株式会社若林製本工場

デザイン／藤田康平
撮影／斎藤浩（本社写真部）
イラスト／ニシワキ タダシ
スタイリング／坂上嘉代
調理アシスタント／大溝睦子
構成／斎木佳央里
Special Thanks／岩崎 愛

定価はカバーに表示してあります。
落丁本・乱丁本は購入書店名を明記のうえ、小社業務あてにお送りください。
送料小社負担にてお取り替えいたします。
なお、この本についてのお問い合わせは、with編集あてにお願いいたします。
本書のコピー、スキャン、デジタル化等の無断複製は著作権法上での例外を除き禁じられています。
本書を代行業者等の第三者に依頼してスキャンやデジタル化することは、たとえ個人や家庭内の利用でも著作権法違反です。

©Junko Ueda 2018, Printed in Japan
ISBN978-4-06-511839-9